Ein mysteriöses Verschwinden

Eine Farce

George M. Baker

Writat

Diese Ausgabe erschien im Jahr 2024

ISBN: 9789359946016

Herausgegeben von
Writat
E-Mail: info@writat.com

Inhalt

FIGUREN.

Captain Boliver Bobstay, „Auf mysteriöse Weise verschwunden.“
Charles Cleverly, ein Hobby-Landwirt. Dixon Dolby, auf einem
Tagesausflug. Carlos Carrots, ein Landarbeiter. Mrs. Cleverly,
Charles' Frau.
Nelly Cleverly, Charles' Schwester.
Miss Persis Grievous, „Witwe Bobstay.“

KOSTÜME.

KAPITÄN. Weite Hose und blauer „Reefer", blaues Hemd, schwarzes Taschentuch, Glatzenperücke für sich selbst, schwarze Perücke und großer schwarzer Kotelettenbart zur Verkleidung.

DOLBY. Karierter Anzug; Gamaschen ; Jockeymütze.

CHARLES. Blauer Flanellanzug; breitkrempiger Strohhut.

CARLOS. Breiter Strohhut; schwere Schuhe; blaue Strümpfe; kurze Hose; und Jacke offen; mit roter oder gelber Weste; rote Perücke.

NELLY. Hübsches Musselinkleid, mit Schürze und Morgenhaube.

FRAU C. Morgenmantel.

MISS PERSIS. Rote Perücke mit langen Locken. Sehr farbenfrohes Kleid, hellblaue Brille, Hut. Sie ist ziemlich alt und trägt affektierte Mädchenkleidung und -art.

SZENE.— *Wohnzimmer im Bauernhaus. Tür in Wohnung C. Fenster in Wohnung L. Wohnzimmer unter dem Fenster. Tisch* links in *der Ecke, hinten, mit Decke, Büchern und Blumen. Kleiner Tisch , RC -Sessel , LC- Stuhl , links, in der Nähe des ersten Eingangs. Tür* rechts *und* links. Nelly *entdeckte das Abstauben .*

Nelly (wirft eine Bürste auf das Sofa). Das reicht für heute. Carlos muss von der Post zurückkommen. Ich kann es kaum erwarten, einen Brief von meinem unsichtbaren Verehrer Dixon Dolby zu bekommen. Wie würde mein guter Bruder die Augen öffnen, wenn er wüsste, wie weit meine Schlechtigkeit reicht. Vor drei Monaten beschlossen sechs von uns Mädchen in der Schule, die sich die Briefwechselkunst aneignen wollten, an Herren zu schreiben , die wir nie getroffen hatten, von denen wir aber dem Ruf nach wussten, dass sie Gentlemen waren. Meine Wahl fiel auf den Freund meines Bruders vor seiner Hochzeit, Dixon Dolby. Mein Plan ging hervorragend auf. Er antwortete auf den Brief mit der Unterschrift Rosa Bean. Es folgten die zärtlichsten und leidenschaftlichsten Briefe von beiden Seiten, bis er schließlich die Unverschämtheit besaß, einen Austausch von Fotos zu verlangen. Ich willigte ein, war aber nicht dumm genug, ihn meine Identität herausfinden zu lassen; also schickte ich ihm, um seine Identität sicherzustellen, stattdessen ein Foto der Frau meines Bruders. Ich wusste, dass sie sich nie getroffen hatten, aber sie mussten es tun; und wenn sie es tun, wird es nicht lustig werden. Ich hoffe nur, dass ich bei der *Auflösung* dabei sein werde . Ah! Da ist Carlos.

(*Eingeben* CARLOS , C., *mit zwei Briefen und einem Papier* .)

Na, Carlos, welcher Erfolg?

Carlos (*legt Briefe hinter sich*). He? Was gibst du dafür, es zu wissen? Ich sollte einem Kerl was ganz Süßes geben , denn ich bin den ganzen Weg gerannt.

Nelly. Das werde ich in der Tat , Carlos. Meinen herzlichsten Dank und mein süßestes Lächeln.

Hallo Carlos. Ist das alles? Also, hier ist ein Brief (*gibt ihr einen Brief*).

Nelly. Oh , danke, Carlos. Du bist ein lieber, guter Junge (*nimmt den Brief und setzt sich in den Sessel* , L.).

Carlos (*kommt* R. runter, *legt Zeitung auf den Tisch*). Kinder dachte, ich könnte etwas Süßeres bekommen, einen Kuss vielleicht. Aber ich nehme an, sie hatte Angst, dass jemand zusieht . Es hätte mich nicht gestört, wenn es so gewesen wäre. Sie ist genauso hübsch wie ein Bild , und ich glaube, sie sehnt sich nach mir. Ich mag sie einfach, darauf können Sie wetten! Ich wünschte manchmal, ich könnte eine Raupe sein und unter ihre hübschen Füße kriechen. Ich könnte nicht besoffener sein als jetzt. Na , ich werde Mr. Cleverly mit dem anderen Buchstaben aufspüren (*geht* C. hoch). Fehlt Ihnen nichts , Miss Nelly?

Nelly. Nichts. Danke, Carlos.

Carlos (*an der Tür*). Oh, sie ist eine Schönheit. Gibt sich solche Mühe, mich Carlos zu nennen. Mr. Cleverly nennt mich immer Careless, weil er sagt, das sei meine Natur . [*Abgang* C.

Nelly (*nimmt Foto aus dem Brief*). Da ist er , ein charmanter Kerl. Er hat keine Ahnung, dass ich die Schwester seines besten Freundes bin. Sieht nicht schlecht aus (*hält Foto hoch*).

(*Eingeben* FRAU CLEVERLY *mit Hut und Schal , Tür* L. *Sie schaut hinüber* NELLYS *Schulter im Bild* .)

Mit so einem Mann könnte ein Mädchen glücklich sein. Ich bin mir sicher, dass ich erröten werde, wenn wir uns treffen. (*Um zu fotografieren.*) Du, mein lieber Kerl, du bist gutaussehend und klug –

Frau C.: Das ist er tatsächlich, Nelly.

Nelly (*springt auf*). Ach du meine Güte! Du bist hier?

Frau C. Habe ich Ihre Andacht gestört? Wer ist er? Wann wird es sein?

Nelly (*steckt sich ein Foto in die Brust*). Unsinn, es ist nur eine flüchtige Bekanntschaft.

Mrs. C. Sie nehmen sein Bild nicht gering. Ich würde sagen, er war ein Busenfreund. Wo ist Charley?

Nelly. Ich glaube, ich bin draußen auf der Farm und häufele Mais an.

Mrs. C. Armer Kerl! Wie müssen seine Hühneraugen wehtun! Und sein Rücken. Ha, ha, ha! Er arbeitet so hart, um aus etwas, das ihm keinen Spaß macht, ein Vergnügen zu machen. Nell, sag ihm, wenn er reinkommt, ich bin zu Mrs. Young gelaufen, um mir ihre Klamotten auszuleihen. Ich werde nicht lange weg sein. [*Abgang* C.

Nelly. Sie hat ihn gesehen, aber sie kennt ihn nicht . Wenn sie nur wüsste , was er dafür bekommen hat. Nun, ich werde mir nicht aus Angst vor den Konsequenzen einen Spaß verderben.

Charles (*draußen*). Zum Teufel mit dem Mist, Careless. Mein Rücken ist fast gebrochen.

(C. *kommt mit einer Hacke herein, gefolgt von* CARLOS .)

Carlos. Wie wäre es mit den Zwiebeln, Sir?

Charles. Wie wärs mit ihnen, so viel du willst, aber ich mache mir keine Gedanken über sie.

Carlos, sie werden keinen Cent wert sein.

Charles. Werde nicht sentimental deswegen, Careless. Sie sind es nicht wert, dass man ihnen nachweint; nein, Careless. Ich habe mich als unabhängiger Bauer niedergelassen, und in meiner Unabhängigkeitserklärung gibt es keine Klausel bezüglich der Hackarbeit. Du sollst Urlaub haben: Du brauchst heute nicht zu arbeiten. Du bist nicht gerade begeistert davon, aber heute haben wir Besuch.

Nelly. Ein Besucher?

Charles. Ja, Nelly. Ich habe von ihm gehört; er kommt für einen Tag voller Vergnügen hierher. Genau der Mann, den ich ausgesucht habe, um dich zum Jungfernaltar zu führen.

Carlos. Meine Güte, alles Schierling!

Karl. Was ist los, Careless?

Carlos. Ich – ich – nichts ; nur verdammte Mücke in meiner Nase.

Nelly. Für mich ausgesucht? Danke, ich kann selbst aussuchen.

Karl. Und auch Ihre eigene Führung. Sie sind klug genug, um die Führung zu übernehmen. Wo ist Jenny, „das Mädchen, das ich zurückgelassen habe"?

Nelly. Sie ist gegangen, bevor du reingekommen bist. Sie ist zu Mrs. Young gelaufen, um sich ihren Liebling auszuleihen.

Charles. Ihr Pat? Habe ich ihr nicht gesagt, dass ich keinen Iren hier haben will ?

Nelly. Ha, ha, ha! Das ist ein Butterstück.

Hallo Carlos. Ho, ho, ho!

Karl. Was ist los mit dir, Careless? (*Carlos sieht nüchtern aus.*) Mach das noch mal, und du bekommst alles andere als ein Klaps. Geh, mach dich zurecht, wickle deine rotbraunen Locken in Lockenwickler und wasch dein Gesicht. Du sollst meinen Freund bei seinem Tagessport begleiten.

Carlos. Ja, Sir. (*Beiseite*) Er wird sie am Halfter führen, nicht wahr? Ich werde ihm zeigen, was Spaß macht. [*Abgang* C.

Charles. Ja, Nelly, wir bekommen Besuch von meinem alten Kumpel Dixie Dolby.

Nelly. Meine Güte! Kommt er hierher?

Charles. Ja, zum ersten Mal, und auch zum ersten Mal auf dem Land. Dieser kleine Heiratsplan von mir ist das einzige Geheimnis, das ich je vor ihm hatte. Er wusste nicht, dass ich Jenny Bobstay den Hof machte, bis er meine Hochzeitskarten erhielt. War er nicht überrascht? Aber nicht mehr als ich. Vor gerade einmal einem Jahr verschwand dieser hochanständige alte Seemann, Kapitän Boliver Bobstay, auf mysteriöse Weise aus Valparaiso, wo das Frachtschiff „Indigo Blue" auf eine Ladung wartete. Sein Mantel und Hut wurden auf dem Pier gefunden, aber der Träger tauchte nie wieder auf diesem Pier auf.

Nelly. Und man hat nie wieder etwas von ihm gehört?

Charles. Nein. Ja. Vor sechs Monaten erhielt Jenny von Onkel Bobstay eine Besitzurkunde für dieses Haus. Wie es dazu kam oder woher es kam, wusste niemand; aber es war in Ordnung, und da es ein schönes, gemütliches Haus hier ist, haben wir vor drei Monaten geheiratet und uns dort niedergelassen.

Nelly. Aber Charley, dein Freund –

Charles. O ja, Dolby – ein kluger Kerl. Du hast ihn nie getroffen, Nelly?

Nelly. Nein. Ich habe dich oft von ihm sprechen hören und bin geneigt, ihn zu mögen.

Charles. Das weiß ich, Nelly. Jetzt lass uns etwas Schönes zum Abendessen essen, zu Ehren unseres Gastes; etwas Besonderes, weißt du.

Nelly. Ich werde mich um das Abendessen kümmern. Wenn er kommt, werden wir etwas *extra haben* . [*Abgang* R.

Karl. Sie ist ein nettes Mädchen. Ich hoffe, Dixie wird sie mögen. Wenn ich daran denke, dass er als verheirateter Mann hierher kommt, um mich zu besuchen. Ich würde fast erwarten, dass Onkel Bobstay bei mir an der Tür hereinkommt.

(C. BOBSTAY *kommt herein . Er hat eine schwarze Perücke und einen schwarzen Schnurrbart.*)

Bobstay (*an der Tür*). Bleibt stehen! Ist das Deck frei? Sch –

Charles. Hallo! Wen haben wir denn da? Komm rein.

Bobstay (*kommt nach* rechts runter). Also gut, mein Lieber. Wenn ein Kamerad ins Salzwasser sinkt – wohlgemerkt zum letzten Mal – was machen wir dann? Nun, wir reichen ihm die helfende Hand und packen ihn an den Haaren, nicht wahr ?

Charles. Das ist der erste Impuls – es sei denn, er ist kahl.

Bobstay (*streckt die Hand aus*). Leg es da hin; gib uns deine Flosse (*sie geben sich die Hand*). Also gut. Hier ist deine Hand und hier ist mein Kopf! Halte ihn fest, als ob ich mich zum letzten Mal hinlegen würde. Jetzt aber ruhig. (CHARLES *ergreift seine Perücke und* BOBSTAY *ergreift seinen Bart .*) Lasst alles fallen! (*Er tritt zurück und reißt sich den Bart aus.* KARL *reißt die Perücke ab .*)

Charles. Onkel Bobbleib!

Bobstay. Psst! Immer mit der Ruhe, Charley, immer mit der Ruhe. Bobstay von der Indigo Blue ging hoch – nein, runter – zumindest ging er runter. Ich bin ein Geist , verstehen Sie? Ich bin der alte Seemann – Kapitän Kyd – der große Unbekannte – alles, was Sie wollen, nur nicht Bobstay. Er ist auf mysteriöse Weise verschwunden; wir werden ihn vermissen .

Karl. Aber was hast du gemacht? Was ist das Problem?

Bobstay. Ein tiefes Ding – tiefer als das Meer. Psst! Leg es da hin (*schüttelt die Hand*). Da unten ist eine Frau.

Charles. Auf dem Meeresgrund? Meine Güte!

Bobstay. Nein. Ich wünschte, sie wäre es , Charley. Leg es da hin (*schüttelt Hände*). Hast du mich von Spanker, dem Kapitän der Venetian Red, sprechen hören?

Charles. Oft. Ich glaube, er war ein besonderer Freund von dir.

Bobstay. Charley, hör dir eine Geschichte an, die selbst die Marines erröten lassen würde. Als ich auf meiner letzten Fahrt Valparaiso erreichte, fand ich die Venetian Red vor mir; aber ich stellte fest, dass Spanker „auf mysteriöse Weise verschwunden" war. [A] Sein Hut und sein Mantel wurden auf dem Pier gefunden, und man nahm an, dass er unter den Wellen war.

[A] Ein Augenzwinkern und ein Finger auf der Nase, wenn diese Wörter im Stück verwendet werden .

Was für ein Zufall!

Bobstay. Charley, er hat eine Witwe hinterlassen. Ich fand sie in venezianischem Rot an Bord der Trauerschwarzen, – nein – in Trauerrot an Bord der Venetian –

Charles. Egal, welche Farben es gibt. Mach weiter.

Bobstay. Charley, sie war in Not; und hast du je von einem Teer gehört, der ein Mädchen in Not fand und sie im Stich ließ? Niemals. Innerhalb einer Woche hatte ich ihr einen Heiratsantrag gemacht. Zehn Tage später heirateten wir in der Kirche.

Karl. Verheiratet! Dann bist du –

Bobstay. Auf mysteriöse Weise verschwunden; das ist der springende Punkt . Wir haben in der Kirche geheiratet. Und jetzt eine erstaunliche

Enthüllung. Als wir aus der Kirche kamen, sah ich da Spanker – den toten und verschwundenen Spanker – der mit einem Grinsen im Gesicht und einem Finger auf der Nase um die Ecke spähte.

Karl. Was? Das ist Bigamie!

Bobstay. Was, Amy ? Das war Schwindel!

Karl. Unglücklicher Mann! Wie hast du dich verhalten? Was hast du gesagt?

Bobstay. Ich sagte nichts, setzte die Dame , Mrs. Spanker Bobstay, in die Kutsche, schloss die Tür und verschwand auf mysteriöse Weise.

Karl. Und deine Frau?

Bobbleib. Avast, da! Sie ist Spankers Frau.

Karl. Aber er hat sie niederträchtig im Stich gelassen.

Bobbleib. Ich auch . Auf mysteriöse Weise verschwunden.

Karl. Aber wo warst du? Was hast du die ganze Zeit gemacht?

Bobstay verfolgt das Geisterschiff Sylvester Spanker.

Charles. Hast du eine Spur von ihm?

Bobbleib. Trace, mein Liebling? Er hat einen sauberen Lauf hingelegt, lasst seine Oberlichter platzen !

Charles. Dann gehört sie jetzt dir.

Bobstay. Ist sie das? Das ist ein Streitpunkt für die Haie. Ich habe seine Witwe nicht geheiratet; ich konnte seine Frau nicht heiraten; und trotzdem bin ich ein verheirateter Mann.

Karl. Aber Sie lieben sie, Captain?

Bobstay. Lass ein bisschen locker. Wenn Spanker auf mysteriöse Weise verschwunden ist, gibt es einen Grund für Spankers Verschwinden. Und da mir die besagte Witwe, als ich sie heiratete, und die sich nach der Hochzeit als keine Witwe erwies, vor der Zeremonie zweimal eine Ohrfeige verpasste, zeigen die Richtungen meines Ehekompasses nicht so stark.

Karl. Aber wo ist sie?

Bobstay. Auf der Jagd nach einem anderen Boot, mein Junge. Mit geritteltem Kiel, um einen jungen Funken zu überholen, mit der

Absicht, ihn zu fangen. Soll ich sein Glück zerstören? Das ist ein Fehler . Soll ich wie ein Gespenst erscheinen und das Aufgebot verbieten? Das ist ein anderer Fehler . Nein, mein Junge. Ich werde ... hier unten absetzen; unter Wasser bleiben, bis es richtig am Haken ist.

Karl. Aber was wäre, wenn Spanker auftauchen würde?

Bobbleib. Das ist ein Punkt, über den wir nicht streiten können . Stillschweigen ist das Wort. Ich bin ein Geist. Bobstay ist weg. Bleib dunkel. Kein Wort mehr zu deiner Frau.

Karl. Aber Jenny weiß nicht, dass du hier bist!

Bobstay. Nein? Ich verstecke mich in der Scheune – im Schweinestall – irgendwo, bis die Witwe am Haken ist.

(*Eingeben* CARLOS , C. *aus* L.)

Carlos. Sagen Sie, Herr Cleverly, hier ist eine Frau, die Sie sehen möchte. [*Abgang* C. *nach* R.

Bobstay. Eine Frau? Dann werde ich unter die Luke gehen (*rennt zum Tisch* RC *und setzt Perücke und Schnurrbart auf*). Das war mal meine Kabine . Ich werde sie mir ansehen. Pass auf, Charley, ich sage nichts. Ich bin ein Geist, auf mysteriöse Weise verschwunden. Verstehst du? [*Ausgangstür* R.

Karl. Aber ich sage, Kapitän! – Er ist in Nellys Zimmer gestürzt. Egal. Ich werde ihn rausholen, sobald ich mit meinem Besucher fertig bin. Wer kann sie sein?

(C., MISS PERSIS GRIEVOUS , *kommt auf tragische Weise herein* .)

Persis , C. Sie sind Mr. Charles Cleverly?

Charles. Zu Ihren Diensten, Madam.

Persis. Monster! Verräter! Erzverschwörer!

Charles, gnädige Frau!

Persis. Du bist der Freund von Dixon Dolby. Mein Dixie. Du hast ihn aus meiner liebevollen Gegenwart gelockt; aus mir, der Frau, die ihn anbetet; wofür?

Charles. Ein Tag voller Sport, sagt er.

Persis. Sport! Du bist wie der böse Junge und ich wie der unschuldige Frosch. Was für dich Sport ist, ist für mich der Tod. Letzte Nacht hat er mir von seinem geplanten Besuch erzählt. Heute Morgen fand ich ihn in seinem Zimmer unter seinem Kissen – denn wir wohnen beide unter demselben Dach; und in seiner Abwesenheit betrete ich sein Heiligtum als privilegierter Gast dieser lieben und würdigen Mrs. Sprygs , die Zimmer für fünf Dollar pro Woche vermietet, inklusive Beleuchtung –

Charles (*beiseite*). Einzelheiten finden Sie unter „Kleine Rechnungen".

Persis. — Unter dem Kissen, das seine ambrosischen Locken gedrückt hatten, fand ich diese Notiz und dieses Bild (*zeigt Foto*). Erkennen Sie es?

Charles (*schaut auf das Foto*). Herrgott! Meine Frau!

Persis. Deine Frau? Dann bist du, wie ich, ein Opfer. Ich erröte vor Wut. Lass uns in den Armen des anderen unsere Tränen vermischen (*nähert sich* KARL *mit ausgestreckten Armen*).

Charles (*geht nach* rechts): Noch nicht. Erklären Sie das, und zwar sofort.

Persis. Muss das erklärt werden? Hier ist das Bild und hier die Notiz mit der Unterschrift von Rosa Bean. Eine heimliche Korrespondenz. Ich sehe alles auf einmal. Unter dem Vorwand, einen Tag lang Sport zu treiben, kommt er hierher, um mit Ihrer Frau zu schlafen.

Karl, dieser verdammte Schurke!

Persis. Sprich sanft über den Irrenden. Ich liebe ihn. Ja, trotz seiner Fehler liebe ich ihn immer noch . Ich bin hier, um ihn zu retten – um dich zu retten. Ich bin ein helfender Engel.

Charles. Gib mir den Zettel (*merkt ihn mir*). Nicht die Handschrift meiner Frau, offensichtlich verstellt. Oh, Jenny, Jenny, habe ich dich verloren?

Persis. Oh, Dixie, Dixie, habe ich dich verloren?

Dolby (*draußen*). Hallo! Charley, alter Junge, wo bist du?

Persis. Seine Stimme. Wie es mich er- rrr -tut! Aber er darf mich hier nicht sehen. Wo kann ich mich verstecken? (*Geht zur Tür* L.) In diesem Raum? Bring ihn weg, und ich werde zurückkommen. Dann können wir Pläne schmieden, um sie zu umgehen

[*Ausgangstür* L.

Karl. Aber , gnädige Frau, das ist das Zimmer meiner Frau. Sie ist weg. Kann ich wach sein? Meine Jenny korrespondiert mit meiner Freundin! Und er ist verliebt? Oh, das ist absurd!

(DOLBY *erscheint an der Tür mit einer Angelrute im Etui, einem Gewehr und einem Kescher mit Griff, den er unbeholfen in den Armen hält; auf der einen Seite schwingt eine Jagdtasche und auf der anderen ein Fischerkorb .*)

Dolby. Ah, da bist du ja, Charley. Und hier bin ich, bewaffnet und ausgerüstet, wie es das Gesetz vorschreibt. (*Versucht einzudringen; die Waffe landet im Türrahmen. Geht zurück und versucht es erneut; das Netz landet im Türrahmen. Die Sache wiederholt sich. made*) Na, na, das wird interessant (*kommt herein*). Ah! Da sind wir ja (*lässt alles auf den Boden fallen und rennt zu* CHARLES , *Hände ausgestreckt* . Wie geht es dir, alter Junge? Munter und gesund? Häusliches Glück und ländliches Glück? Glücklicher Kerl!

Charles (*schüttelt die Hand*). Schön, dich zu sehen, Dixie. Willkommen.

Dolby. Das ist herzlich. Wo ist deine Frau? Ich muss sie sehen, weißt du. Ich bin gekommen, um die Schönheiten des Landes zu genießen, und du hast die strahlendsten und schönsten. Ich weiß, dass du es weißt – natürlich weißt du es.

Charles (*beiseite*). Er weiß es , verdammt sei er ! (*Laut*) Sie ist gerade draußen. Du wirst sie sehen.

Dolby. Mal sehen , was wir zuerst machen sollen. Wir müssen angeln, jagen und mit einem hübschen Mädchen schlafen. Ich habe nur einen Tag Zeit und wir müssen jede Menge Spaß in zehn Stunden packen.

Charles. Also, was hältst du davon, zuerst zu Mittag zu essen?

Dolby. Nichts für mich, außer einem Glas warme Milch aus den Händen einer Milchmagd. Ich bin hierhergekommen, um Landluft zu atmen. Halt einen Moment. Das habe ich vergessen (*rennt zur Tür C. und bleibt schwer atmend stehen und schlägt sich an die Brust*). Ah, das ist die Sorte; die belebende Landluft. Ah! (*mit einem langen Atemzug*) Das ist die erste Dosis.

(*Eingeben* NELLY , R. DOLBY *kommt nach* links runter .)

Karl. Und hier ist die Milchmagd. Meine Schwester, Dixie. Mr. Dixon Dolby, Nelly.

Dolby. Ach, entzückend (*verneigt sich*). Was für ein hübsches Mädchen! Was für Wangen! Was für eine Figur !

Nelly. Ihr erster Besuch auf dem Land, Mr. Dolby?

Dolby. Ich schäme mich, das zu sagen, Miss Nelly. Aber es ist herrlich; so viele Bäume und Gras; Häuser nicht ganz so viele.

Charles. Herr Dolby hätte gerne ein Glas Milch.

Dolby. Ja, danke ; Kuhmilch, wenn die Kühe Zeit haben.

Nelly. O, ganz genau. Ich bringe es sofort. [*Abgang* R.]

Dolby. Charley, mein Junge, deine Schwester ist eine absolute Schönheit.

Karl. Setz dich, Dolby (DOLBY *bringt Stuhl an den Tisch* L. CHARLES *bringt einen von hinten herunter; sie sitzen* rechts *und* links.) Ich hatte gehofft, Sie würden mit ganzem Herzen hier herunterkommen, aber ich erfahre, dass Sie bereits eine Liebesaffäre haben.

Dolby. Erwähne es nicht (PERSIS *öffnet die Tür, steigt aus und lauscht*). Das Absurdeste: ein kleiner Flirt auf dem Land mit einer Dame , die alt genug ist, um meine Mutter zu sein.

Persis, dieser Schurke!

Dolby. Unglücklicherweise lag ich eines Abends auf meinem Bett, rauchte und las, und meine Tür war zum Flur hin offen, auf dessen anderer Seite sich das Zimmer von Miss Persis Grievous befand. Nun, ich schlief ein, die Pfeife fiel mir aus dem Mund und ich wurde durch den Schrei „Feuer" und ein heftiges Schütteln meiner Freundin auf der anderen Seite des Flurs geweckt . Ich hatte das Bett in Brand gesteckt, das leicht gelöscht werden konnte; nicht so die Flamme, die in der Brust meiner schönen, aber betagten Befreierin entzündet worden war .

Persis, dieser herzlose Schurke!

Dolby. Von da an verfolgt sie mich mit unerbittlicher Liebe. Ich kann ihr nicht entkommen.

Karl. Und Sie sind verlobt?

Dolby. Nicht ganz. Pegoty ist dazu bereit, aber Barkis nicht; denn, Charley, ich bin in ein Phantom verliebt.

Charles. Dann gibst du besser den Geist auf und machst Persis glücklich.

Dolby. Nein, ich kann nur eine lieben, „Rosa Bean". Ist das nicht ein hübscher Name? Ich zeige Ihnen ihr Gesicht (*sucht in den Taschen nach*). Verdammt , ich habe ihr Foto unter meinem Kissen liegen lassen!

Persis. O, der Schurke! Ich werde ihm nie verzeihen – nie – (*verschwindet in Zimmer* L.).

(*Eingeben* NELLY , R. *mit Glaskrug Milch und Kelch* .)

Nelly. Hier ist die Milch, Herr Dolby.

Dolby. „Oh , danke" (*sie füllt den Kelch, hinter dem Tisch stehend).* DOLBY *Getränke*). Auf Ihre Gesundheit. Ah, was für eine Milch! So etwas habe ich seit meiner Kindheit nicht mehr geschmeckt.

Nelly. Kann ich dir sonst noch etwas mitbringen?

Dolby. Nein, ich bin Ihnen verpflichtet. Gibt es in der Nachbarschaft übrigens eine junge Dame namens „Rosa Bean"?

Nelly. „Bean" – „Bean" – Nein. Hier gibt es keine Beans; etwa eine halbe Meile von hier gibt es eine Rosa Higgins.

Dolby. Oh, das geht nicht .

Charles. Im Garten stehen Bohnenreihen. Wie werden die passen , Dixie? Ha, ha, ha!

Nelly. Den werde ich dir beim Abendessen vorstellen. Bis dahin auf Wiedersehen . [*Abgang* R.

Dolby. Auf Wiedersehen (*steht auf und stellt den Stuhl zurück zu* L. CHARLES *erhebt sich*). Nun, Charley, lass uns den Fisch probieren (*nimmt seine Angel und sein Netz*).

Charles. Wirklich, Dixie, ich kann das Haus gerade nicht verlassen. Ich sage dir, was ich tun werde. Ich schicke dir meinen Mann mit und werde dich bald treffen (*geht zu Tür* C). Hier, Careless! Careless!

Carlos (C. *kommt herein*). Ja, Sir. Hier bin ich!

Charles. Sorglos, führe diesen Herrn zum Angelteich. (*Dolby im Hintergrund beschäftigt sich mit der Angelausrüstung.*)

Carlos. Angelteich! Wo ist der?

Charles (*beiseite*). Halt die Klappe, du Narr! Hinter der Scheune.

Carlos. Ho, ho, ho! Das ist ein hübscher Fischteich! Da gibt es nichts da außer Mücken !

Charles. Na ja, die beißen, nicht wahr ? Du solltest Towzer lieber mitnehmen , er will Bewegung.

Hallo Carlos. Towzer ? Er ist nicht gesellig gegenüber Fremden.

Charles, tu, was ich dir sage.

Carlos. Alles klar, Mister. Kommen Sie mit, Sir – ich zeige Ihnen, was Sport ist!

Dolby. Das ist die Art.

Carlos. Welche Art des Angelns gefällt dir am besten? Das ist egal. (*Beiseite*) Man muss verdammt lange angeln, bevor man etwas fängt.

Dolby. Also, nehmen wir an, wir versuchen es mit Kabeljau – nein, ich meine Makrele. Gibt es hier Blaufische ?

Hallo Carlos. Ho, ho, ho!

Karl. Unvorsichtig!

Hallo Carlos. Blaufisch ? Na ja , nein, wir haben heute keinen Blaufisch mehr. (*Beiseite*) Herr, er *ist* grün!

Dolby. Egal , führe mich zum See, wo der Flossenstamm spielt.

Carlos. Was ist komisch? Meine Güte, alles Schierlingstanne! Dachte, du würdest angeln gehen!

Dolby. Oh, komm mit, es wird spät. Auf Wiedersehen, Charley. Vergiss nicht , ich muss deine Frau sehen.

[Ausgang C.

Carlos. Sagen Sie, Herr, wer ist hast du Angst , den Köder auszugraben, sagen wir? [*Ausgang* C.]

Charles. Ich rede immer noch auf meiner Frau herum. Ich werde die Bedeutung davon kennen, bevor ich eine Stunde älter bin.

(*Eingeben* PERSIS *von Tür* L.)

Persis. Endlich ist er weg und wir können unsere Pläne schmieden.

Bobstay (*öffnet Tür* R.). Ahoi, Charley! (PERSIS *schreit und rennt in Zimmer* L. *Betreten* BOBSTAY .) Aha! Eine Frau! Wer ist das? (*Schleicht auf Zehenspitzen über die Bühne und guckt durch das Schlüsselloch, Tür* links.)

Charles (*ergreift ihn am Arm und wirbelt ihn nach* rechts). Was haben Sie vor, Captain? Da ist eine Dame im Zimmer.

Bobstay. Ich muss einen Blick auf sie werfen (*rennt hin und schaut ins Schlüsselloch*). Ah, ha! Sie ist es ! (*fällt zurück in* KARLS *Waffen*).

Charles. Sie! Wer?

Bobstay (*erholt sich*). Psst! Spankers Frau! Meine Witwe, wissen Sie! Unser böser Geist! Es ist ein Urteil über mich, weil ich die Suche nach dem verlorenen Spanker aufgegeben habe. Ich muss los. Auf Wiedersehen; legen Sie es da hin (*sie geben sich die Hand*). Wenn man nach mir fragt, wissen Sie – auf mysteriöse Weise verschwunden – (*geht zur Tür* C.).

Frau C. (*außerhalb* von C.) Charley! Charley!

Bobstay (*kommt* rechts runter). Da kommt ein Flugzeug auf uns zu; keine Ahnung, Charley.

[*Ausgangstür* R.

(*Eingeben* PERSIS *aus Zimmer* L.)

Persis. Werden wir nie allein sein?

Charles. Still! Geh zurück, meine Frau ist hier!

Persis. Deine Frau? Rosa Bean? Ich werde ihr die Augen auskratzen!

Charles (*schiebt sie ins Zimmer*). Nein, nein, du verdirbst alles. Sie treffen sich! – das würde man nie tun (*schließt die Tür ab und holt den Schlüssel heraus*). FRAU C. *erscheint an Tür* C.)

Frau C.: Warum, Charles, was machst du? Schließt du meine Tür ab?

Charles (*verwirrt*). Ja – nein – das heißt, ich hatte Angst, dass die Katze da reinkommt, also habe ich abgeschlossen.

Frau C., ich möchte meine Sachen wegräumen.

Charles. Ich würde sie jetzt nicht ausziehen, hier ist es ein bisschen kühl.

Mrs. C. Chilly! Warum, Charles, bist du krank? Wie blass du aussiehst! Bei jedem anderen würde ich sagen, dass du einen schuldbewussten Gesichtsausdruck hattest.

Charles (*beiseite*). Ein schuldbewusster Blick! Und sie steht in heimlicher Korrespondenz mit Dolby! (*Laut*). Schuldig? Absurd ! (*Beiseite*). Was habe ich getan? Eine Frau in ihrem Zimmer eingesperrt – und ich verdächtige sie? Oh, das ist ein Durcheinander!

Frau C.: Nun, da Sie nicht geneigt zu sein scheinen, mich in mein Zimmer zu lassen, werde ich meine Sachen bei Nelly abstellen (*geht zur Tür* R.). Aber die ist auch verschlossen !

Charles. O ja, ja ; ich habe vergessen, es dir zu sagen. Ich – ich habe den Hund dort eingesperrt.

Frau C. Der Hund Towzer ! Wofür?

Charles. Also, ich wollte mich gerade hinsetzen und lesen und wollte nicht gestört werden.

Hund draußen. „Verbeugung, wow, wow!"

Frau C. Ah, Towzer scheint den Ausweg gefunden zu haben .

Charles. Ich wünschte, ich könnte. (*Hund bellt.*)

Dolby (*draußen*). Hilfe! Mord ! Hilfe ! (*Kommt durch das Fenster ins Wohnzimmer und rollt auf den Boden.*) Verdammter Hund! (*Steht auf und reibt sich die Knie.*)

Charles. Was für ein Glück, Dolby. Hast du einen Biss bekommen?

Dolby. Ja, zwei davon, und wenn meine Beine nicht so gute Dienste geleistet hätten, hätte mich dieser verdammte Hund gefressen (er *rieb sich immer noch die Knie, ohne aufzuschauen).* FRAU CLEVERLY , *unten* rechts).

Charles. Tut mir leid, Dolby, aber du hattest nicht mehr Glück. (*Beiseite*) Jetzt teste ich meine Frau (*Schritt* C.). Erlauben Sie mir, Sie meiner Frau vorzustellen. Mrs. Cleverly, mein Freund Dixon Dolby. Dixie, das ist die Dame , die Sie schon so lange kennenlernen wollten.

Dolby (*kommt runter L.;* schaut *herüber*). Rosa Bean! Meine Güte!

Charles. Nein, nein. Mein armer Freund, du wirst verrückt mit deinem absurden Phantom, Rosa Bean.

Dolby. Meine Güte, sie ist es ! Und ich – ich – unglücklicher Kerl! – bin in Charleys Frau verliebt! Was wird aus mir? Man wird mich entdecken (*wischt sich das Gesicht mit dem Taschentuch ab*).

Frau C., ich hoffe, Sie genießen Ihren sportlichen Tag, Herr Dolby.

Dolby. Oh, ungeheuer! Wir haben den Hund nämlich mitgenommen, um ein Foto zu machen – nein, um Gesellschaft zu haben. Don Carlos meinte, das wäre besser so; und er interessierte sich für meine Vorbereitungen; und gerade als ich mich bückte, um einen Köder anzubringen, sagte jemand: „ Junge !" und ich nehme an, er hat mich mit dem Jungen verwechselt – jedenfalls hat er einen Bissen genommen. Dann fiel mir plötzlich ein, dass es „zu Hause am schönsten" sei.

(*Eingeben* CARLOS , C.)

Carlos. Sagen Sie, Mister, was wollten Sie denn loswerden, als es gerade interessant wurde?

Dolby. Interessant, Don Carlos? Es wurde spannend! (*Beiseite*) Himmel! Wie soll ich aus dieser Patsche rauskommen? – Charleys Frau! – Er wird mich umbringen! (*Laut*) Charley, ich glaube wirklich, ich nehme den nächsten Zug.

Charles. Unsinn. Du hast das Schießen noch nicht probiert. Beende deinen Tagessport.

Dolby (*beiseite*). Ich wünschte, ich könnte sofort.

Charles. Careless bringt dich zum Spiel!

Dolby (*nimmt die Waffe*). Also gut. Don Carlos, wir versuchen es mit dem Spiel. (*beiseite*) Und dann gehe ich zum Zug. Ich brauche diesen Sport nicht mehr, danke.

Carlos, sag mal, was willst du schießen?

Dolby. Wie geht es dem Hirsch?

Carlos. Hirsche? Ho, ho, ho! Sie sind ganz gut , aber wir sind draußen genau jetzt.

Dolby. Naja, ein oder zwei Büffel.

Hallo Carlos. Ho, ho, ho!

Dolby. Verdammt! Steh nicht da und grinse; lass uns schnell etwas drehen. [*Abgang C. und weg* von L.

Carlos (*beiseite*). Verdammt, wenn ich ihn nicht in Buffalo Bills Hinterhof kriege . Er schießt schneller auf den Zaun als auf Kot. [*Abgang* C.

Frau C.: Jetzt, wo der Hund aus dem Weg ist, haben Sie vermutlich keine Einwände gegen …

Charles. Übrigens, Jenny, ich hätte es fast vergessen; aber Mrs. Jenks, unsere Nachbarin, war gerade hier, und ihr Baby ist krank geworden – schrecklich; braucht dich. Es hat einen plötzlichen Anfall von Blausternchen , glaube ich, hat sie gesagt.

Frau C.: Ja, wirklich! Ich komme sofort vorbei, das heißt, wenn Sie mich entbehren können.

Charles. O, sicher – das heißt, nein – ja. Die sind nicht ansteckend, oder?

Mrs. C.: Ich glaube nicht. Auf Wiedersehen. (*geht nach oben,* C.). (*Beiseite*) Mit Charley stimmt etwas nicht. Ich werde nicht weit gehen. [*Abgang,* C.]

Charles. Und jetzt muss ich diesen verdammten Bobstay aus dem Weg schaffen (*geht zur Tür* R.).

(*Eingeben* NELLY , R. 1 E.)

Nelly. Charley, was willst du in meinem Zimmer?

Charles. Oh, nichts – das heißt – ich habe dich gesucht.

Nelly. Und als sie mich gefunden hatte –

Charles. Ich möchte, dass du mir einen Rat gibst. Lies das. (*Macht eine Notiz.*)

Nelly (*beiseite*). Niemand kann das besser als ich (*liest*) . Und, Charley?

Charles. Also, Charley. Nein, der kranke Charley; ein ausgesprochen misshandelter Charley. Kennen Sie das Foto?

Nelly. Es ist unsere Jenny.

Charles. Unsere Jenny! Und es ist an meinen Freund Dolby geschickt. Ich werde ihn umbringen!

Nelly. Nun, Charley, sei nicht eifersüchtig. Ich bin sicher, Jenny wird dir alles zu deiner vollsten Zufriedenheit erklären. (PERSIS *klopft an die Tür* L.) Ah, wer ist das?

Charles (*geht zur Tür* links). Es ist die Katze. Kot, Muschi, Muschi, Muschi !

Nelly , R. (*tauscht das Foto in der Notiz gegen ein anderes aus*). Ich werde sehen, ob wir der Sache ein neues Gesicht geben können. (*Laut*) Hier ist deine Notiz, Charley. Sei nicht eifersüchtig; das sieht bei einem Mann überhaupt nicht gut aus. [*Ab,* R.]

Charles. Jetzt muss der Kapitän raus . (*Geht zur Tür* rechts; *klopft* .) Ich sage, Kapitän – Luft rein!

(*Eingeben* BOBSTAY , *mit einem um die Taille gesteckten Kattunrock, einem roten Schal über den Schultern und einer Strohhaube auf dem Kopf* .)

Meine Güte! Was soll dieses Rig?

Bobstay. Verkleide dich, laufe durch den Spießrutenlauf, zieh mein Kabel durch. Siehst du, ich bin hier – ich bin weg. Wenn irgendjemand nach Bobstay fragt, weißt du – er ist auf mysteriöse Weise verschwunden. [*Geht zu Tür* C.

(*Eingeben* FRAU CLEVERLY , C.)

FRAU C.: Einen Moment bitte.

Bobstay (*beiseite*). Ach herrje , es ist Jenny !

Karl. Sie hat ihn durchschaut!

Frau C. (*Leitung* BOBSTAY *unten* rechts *am Arm*). Ich habe keine Einwände dagegen, dass mein Mann in meiner Abwesenheit Damen bewirtet ; aber ich habe entschiedene Einwände dagegen, dass sie mein Haus mit Besitz verlassen, der ihnen nicht gehört. Ich wäre Ihnen für den Schal dankbar.

Bobbleib. Ay Ay. (*Nimmt den Schal ab.*)

Frau C. Und diese Motorhaube.

Bobstay (*nimmt die Motorhaube ab*). Ay Ay.

Frau C. Captain Bobstay! Onkel Boliver !

(*Eingeben* FRÄULEIN PERSIS , *Tür* L.)

Persis. Kapitän Bobstay! Mein Mann! (*kreischt und fällt in* Karls *Waffen* .)

Bobbleib. Sie ist es ; hilf mir, Jenny (*fällt in* Frau C. *Waffen*).

(*Meldung über eine Schusswaffe vor* C.)

Dolby. Hilfe! Mord ! Hilfe ! (*Läuft durch Tür* C., *dreht sich um und schließt die Tür; lehnt sich mit dem Rücken dagegen* .) Hallo! Was ist hier los?

Frau C. Also , Sir, Sie haben mich getäuscht. Und diese Dame ist –

Charles. Deine Tante, Mrs. Captain Bobstay.

Bobbleib. Das ist falsch!

Persis. Boliver , mein Eigener – (*geht auf ihn zu.*)

Bobstay. Nein, nichts dergleichen, Madam. Sie haben mich geheiratet und ich Sie, und zwar aus Versehen. Wenn Sie mir überzeugende Beweise für den Tod Ihres Mannes Spanker vorlegen können – ein Bein oder ein Arm des oben genannten wird als Beweis ausreichen –, bin ich bereit, über Geschäfte zu reden. Bis dahin, Madam, bin ich frei.

Persis. Boliver —

Bobstay. O, ich werde überkochen, wenn du nicht still bist (*setzt sich an Tisch* R., *nimmt Papier und liest .* Miss Persis *bewegt sich um ihn herum und versucht, einen Blick auf sein Gesicht zu erhaschen; er hält das Papier vor sich*).

Charles. Nun, Mrs. Cleverly, nachdem ich mich zu Ihrer Zufriedenheit entlastet habe, hoffe ich – (*sieht* Dolby) Hallo! Dolby, was machst du da?

Dolby. Tatsache ist, Charley, ich habe etwas gedreht!

(Carlos *steckt seinen Kopf durchs Fenster .*)

Carlos. Ja, verdammt, du hast ein Kalb erschossen! Aber Buffalo Bill, unser schwarzer Bulle, hat dich im Handumdrehen über den Zaun geworfen. Ho, ho, ho! Du bist ein Sportsmann, ganz bestimmt!

[*Ausgang* C.

Dolby. Charley, ich glaube, ich gehe nach Hause. Ich habe mein Netz, meine Angel und mein Gewehr verloren; und wenn Ihr Wild so aktiv ist wie Ihr Freund Buffalo William, würde ich lieber nicht jagen, danke.

Charles. Erkennen Sie diese Notiz, Dolby? (*Gibt eine Notiz.*)

Dolby. O Herr, es kommt ! Das ist ein schöner Tag voller Spaß! Diese Notiz? O ja. Diese Notiz ist –

Charles. Von meiner Frau, glaube ich.

Dolby. O Himmel, es ist alles vorbei! Charley, auf mein Wort, ich hatte nicht die geringste Ahnung, dass Rosa Bean deine Frau ist. Wenn ich …

Charles. Ruhe! (*Er schnappt sich eine Notiz von* DOLBY *und läuft zu* C.) Und Sie, gnädige Frau, was haben Sie dazu zu sagen? (*Gibt eine Notiz an* FRAU C.)

(*Eingeben* NELLY , C.)

Frau C. (*sieht es an*) Sagen Sie! Was soll ich sagen? Das geht mich überhaupt nichts an.

Charles. Tatsächlich! Und das Bild?

Frau C. O, das Bild. (*Sieht es an.*) Das ist ja unsere Nelly.

Charles und Dolby. Unsere Nelly!

Nelly. Ja, unsere Nelly – die für all dieses Unheil verantwortlich ist. Sie ist die Verfasserin der Notiz – die unbekannte Korrespondentin unseres Freundes Mr. Dixon Dolby, Rosa Bean.

Dolby. Na, das ist ja clever (*rennt zu ihr*, C.). Wie geht es Ihnen (*schüttelt die Hand*). (*Sie gehen in die Lounge und unterhalten sich.*)

Frau C. Und du hast mich verdächtigt, Charley!

Charles. Was könnte ich tun? Deine Tante Bobstay hat mir dein Bild mitgebracht, das auf mysteriöse Weise verschwunden ist.

Bobstay (*springt auf*). „Auf mysteriöse Weise verschwunden.“ Horch! Hör zu ! (*liest* .) „Alle Freunde des vermeintlich ertrunkenen Sylvester Spanker, insbesondere seine Witwe, werden hiermit benachrichtigt, dass er zu seinem Schiff, der Venetian Red, zurückgekehrt ist und heute nach Valparaiso segeln wird.“ Ha, ha! ho , ho! Er ist gefunden und ich bin frei! Witwe, ich gratuliere Ihnen.

Persis. Spanker am Leben! Gott sei Dank bin ich nicht mehr auf die kalten Wohltätigkeiten dieser Welt angewiesen!

Bobstay. Madam, legen Sie es dort hin (*sie geben sich die Hand*). Wir gehen noch heute an Bord der Venetian Red. Ich werde mein Eigentum zurückgeben, meine Quittung nehmen, unsere Urkunde zerreißen, Ihnen meinen Segen geben und auf mysteriöse Weise verschwinden.

Dolby (*kommt runter mit* NELLY). Aber was soll aus mir werden? Wirst du das Leben aufgeben, das du gerettet hast? Persis—

Persis. Mist! Du solltest lieber still sein. Ich war in dem Zimmer, als du mir die Geschichte mit so schmeichelhaften Anspielungen erzählt hast.

Dolby. Ähm! Keine Ahnung.

Charles. Komm, Nelly, lass uns zu Abend essen. (*Abgang* NELLY L.) Dieses kleine Durcheinander hat glücklicherweise ein Ende .

Dolby. Der Tag war vergnüglich für mich ; nicht nur, wie ich es erwartet hatte, er endet auch noch glücklich.

Charles. Die Witwe hat ihren Mann gefunden.

Bobstay. Dafür bedanken wir uns.

(CARLOS *steckt seinen Kopf durchs Fenster* .)

Carlos. Sag mal, du wirst das Kalb nie wieder sehen. Sie hat ihren letzten Schluck genommen.

(*Eingeben* NELLY , R.)

Nelly. Abendessen ist fertig.

Charles (*gibt seiner Frau den Arm* , C.). Komm, lass uns essen gehen. (DOLBY *Und* NELLY *Arm in Arm* , R.; KAPITÄN *Und* FRÄULEIN PERSIS *Arm in Arm* , L.) Sind Sie bereit, Kapitän?

Bobstay. Ja, ja, Charley, mit einem stürmischen Appetit. Also mach dich auf den Weg, wir folgen dir. Ich bin glücklich. Du bist glücklich, Witwe. Ja, wir sind alle glücklich – denn wir hatten einen Tag voller Spaß und all unsere Sorgen sind – auf mysteriöse Weise verschwunden.

[*Vorhang.*]